YR AWDUR

Mae Peter Davies yn athro Drama ers 30
mlynedd. Bu'n bennaeth yr adran yn Ysgol
Gyfun Rhydfelen am 25 mlynedd ac erbyn
hyn mae'n bennaeth adran yn Ysgol Morgan
Llwyd. Mae wedi cyfarwyddo sioeau ieuenctid
i Eisteddfodau'r Urdd a'r Genedlaethol. Mae
hefyd yn awdur gwaith arweiniol i athrawon
Drama a sgriptiau di-ri i blant o bob oed yn
ogystal â bod yn brif arholwr Drama CBAC.

GWŶL!

GWŶL!

PETER DAVIES

Argraffiad cyntaf: 2012

© Peter Davies a'r Lolfa Cyf., 2012

Rhif Llyfr Rhyngwladol: 978 1 84771 436 7

Comisiynwyd Cyfres Copa gyda chymorth ariannol
Adran AdAS Llywodraeth Cymru

Cyhoeddwyd, argraffwyd a rhwymwyd yng Nghymru gan
Y Lolfa Cyf., Talybont, Ceredigion SY24 5HE
e-bost ylolfa@ylolfa.com
gwefan www.ylolfa.com
ffôn (01970) 832 304
ffacs 832 782

CYMERIADAU

Aled
Cyfrwys a dwys. Ddim yn dangos ei emosiynau
ond yn bychanu eraill sydd yn gwneud. Fe yw'r
catalydd sydd yn dinistrio'r grŵp.

Josh
Chwilio am amser da. Ddim yn ymwybodol o
densiynau amlwg yn y grŵp. Mae am joio a dim
arall. Yn anhrefnus a gwyllt ar adegau.

Gareth
Mewn perthynas â Sioned ers amser hir. Ychydig
yn hen ffasiwn ar adegau. Yn gweld ei hun
yn priodi Sioned. Naïf iawn. Ddim yn gweld
y gwirionedd sydd o'i flaen. Mwynhau bod
yng nghwmni'r bois ond hefyd yn mwynhau'r
sicrwydd o fod mewn perthynas.

Rob
Mae gan Rob dymer a dyw'n bendant ddim yn
hoffi cyfrinachau. Yn gallu bod yn eithaf cas ei
dafod. Mae'n meddwl ei fod yn gryf a chaled ond
nid yw hyn yn wir bob amser. Fe sy'n achosi'r
rhwyg yn y grŵp.

Moira
Mam ffyslyd Gareth. Yn yr olygfa gyntaf yn unig.

CEFNDIR

Mae'r ddrama'n dilyn hynt a helynt pedwar o ffrindiau sy'n ymweld â Gŵyl Glastonbury. Mae'r pedwar newydd gwblhau eu harholiadau TGAU. Cael hwyl yw bwriad y penwythnos ond mae tensiynau'n datblygu rhwng y pedwar ac mae cwrs eu bywydau'n newid am byth. Daw cyfeillgarwch rhai i ben ac mae'n rhaid i ambell un wynebu gwirionedd annymunol.

Mae'r ddrama wedi ei hysgrifennu er mwyn ei pherfformio mewn ffordd syml, ddiffwdan. Yr unig offer hanfodol yw'r pebyll 'pop-up' ar gyfer y bechgyn. Mae'n bosib awgrymu popeth arall drwy olau neu sain. Mi fyddai cael lluniau fideo wedi eu taflu ar sgriniau'n creu awyrgylch da ar gyfer y ddrama. Gall y rhain fod yn rhai realistig ar adegau neu yn fwy haniaethol. Mi fyddai'n dda pe gellid ffilmio'r bois a defnyddio rhai o'r rhain rhwng golygfeydd.

Bydd y goleuo'n gallu creu naws fel adeg y dydd a'r syniad o fod allan yn y wlad. Byddai'n bosib newid y golau hefyd i danlinellu adegau dramatig dwys neu arwyddocaol.

Mae'r sain yn hollbwysig i'r ddrama. Effeithiau sain fydd yn creu'r awyrgylch ar gyfer y ddrama.

Dylai fod sŵn cyson yn y cefndir pan fo'r bois yn Glastonbury. Gall cerddoriaeth fod yn effeithiol ar ddechrau a diwedd golygfa. Mae'n bosib defnyddio cerddoriaeth hefyd i danlinellu golygfa emosiynol neu ddramatig. Mae rhai awgrymiadau yn y sgript ond mae rhwydd hynt i newid y rhain.

O ran gwisg dylai'r bois wisgo fel y byddai criw yn gwisgo i fynd i ŵyl gerddorol. Y wisg i adlewyrchu'r cymeriad.

GOLYGFA 1
Gorsaf drenau'r Rhyl

(Mae'r llwyfan yn wag gyda sgrin fawr ar draws y cefn sydd yn dangos delweddau/ lleoliadau/ lluniau/ sgwennu drwy'r ddrama. Ddylai'r cynhyrchiad ddim dibynnu ar lwyfannu cymhleth)

(Cerddoriaeth debyg i Kings of Leon*)*

*(Mae **Aled** yn sefyll yng nghanol y llwyfan a chanddo sgrepan fawr ar ei gefn. Mae'n tecstio ac yn edrych o gwmpas, yn amlwg yn aros am rywun i gyrraedd. Tecstio eto. **Rob** yn rhedeg i mewn)*

Rob: Dwi'n hwyr?

Aled: Nag wyt.

Rob: Ti'n siŵr?

Aled: Ydw.

Rob: Blydi hel. Mae Mam yn mynd yn fwy nyts bob dydd.

Aled: Pam?

Rob: Mae pob cloc yn y tŷ hanner awr yn rhy gyflym.

Aled: Pam?

Rob: Wedyn, fydd hi, na ni, byth yn hwyr.

Aled: Wel, ti ddim...

Rob: Beth?

Aled: Yn hwyr.

(**Aled** *yn tecstio*)

Rob: Lle mae'r ddau arall?

Aled: Ar y ffordd.

Rob: Reit.

(*Saib*)

Aled: (*Yn sylwi ar fag bach* **Rob**) Dyna i gyd sy gen ti?

Rob: *Essentials*, Aled – *essentials* yn unig.

Aled: 'Dan ni'n mynd am benwythnos. Ti angen mwy na hynna.

Rob: Pwy sy'n dod â'r bwyd?

Aled: Gareth.

Rob: Pwy sy'n dod â'r sachau cysgu?

Aled: Josh.

Rob: Felly, sdim angen i fi ddod â dim byd ond fi'n hun, pabell, arian a brwsh dannedd.

Aled: Ti'n iawn. Ond sut wyt ti'n gallu bod mor cŵl am bopeth?

Rob: Mae'n cymryd talent, Al, talent.

(*Saib.* **Aled** *yn tecstio.* **Rob** *yn tecstio*)

Rob: Faint o'r gloch ma'r trên yn cyrradd?

Aled: Hanner awr wedi.

Rob: Mewn deg munud. Ydi Josh ar y ffordd? Gareth?

(Dim ateb. Saib)

> Aled?

Aled: Beth?

Rob: Pwy ti'n tecstio?

Aled: Neb.

Rob: Od.

Aled: Beth?

Rob: Bod ti wrthi'n tecstio… Ti ddim yn tecstio Fflur, wyt ti?

Aled: Nag ydw.

Rob: Trist.

Aled: Ddim Fflur dwi'n tecstio!

Rob: Pwy 'ta?

Aled: Paid â busnesa.

Rob: Ti'n bigog.

(*Saib*)

(**Gareth** *yn dod i mewn yn cario bag anferth. Ei fam efo fo*)

Mam: Rŵan, cofia beth dwi wedi'i ddeud wrthot ti.

Gareth: Mam, dos, 'nei di.

Aled: Pob dim yn iawn, Mrs Evans?

Rob: Iawn, Moira?

Mam: Aled... Rob. (*Mewn llais sydd yn dangos yn amlwg nad yw hi'n ei hoffi*) Ydi'r arian gen ti, Gareth?

Gareth: Ydi.

Mam: Ffôn?

Gareth: Ydi.

Mam: Pants glân?

Gareth: Mam!

Mam: Tro diwetha est ti i ffwrdd, est ti heb bâr o bants glân.

Gareth: Naw oed o'wn i bryd hynny ac yn yr ysgol gynradd, Mam.

Mam: Dim ots, ti'n dal yn naw oed i fi.

Rob: O!

(*Mam yn edrych yn flin ar* **Rob**)

Mam: Wel, mwynhewch eich hunain a chofiwch fihafio.

Rob: Dim peryg y byddwn *ni*'n camfihafio, Moira.

Mam: Nag oes?

Rob: Wna i edrych ar ôl Gareth a gwneud yn siŵr 'i fod o'n dod adre'n saff. Fo a'i bants!

Mam: Reit, dwi'n mynd rŵan. (*Rhoi sws i* **Gareth**)

Gareth: Mam!

Aled: Hwyl, Mrs Evans.

Mam: Joiwch ond bihafiwch.

(*Mam* **Gareth** *yn gadael*)

Rob: 'Di dy fam ddim yn hoff iawn ohona i.

Gareth: Ti'n 'i beio hi. Sneb arall yn 'i galw hi'n Moira.

Rob: (*Yn dynwared ei fam*) Tyrd yma i fi roi sws i ti. (*Gan droi i ddal* **Gareth**)

Gareth: Dos... y nyter.

Aled: Rob, tawela, wnei di? 'Dan ni heb ddechra ar y daith eto.

Rob: Gobeithio nad y'ch chi'ch dau am fod fel dwy hen wraig drwy'r penwythnos neu fydda i'n chwilio am bobol eraill, mwy diddorol.

Aled: Ti wedi addo bihafio, Rob. 'Dan ni ddim am weld yr un peth yn digwydd ag a ddigwyddodd ar y trip diwetha.

Rob: Nid 'y mai i oedd hynna. Y bois 'na o Lerpwl achosodd y tân.

Gareth: Nid dyna beth ddwedodd yr heddlu.

Rob: Anghofiwn ni am hynny rŵan. Ma penwythnos braf o'n blaena ni. Cerddoriaeth, haul a merched!

(*Saib – y tri yn tecstio*)

Aled: Wel, ma un arall i ddod.

Gareth: Ydi Josh yn cofio?

Rob: Wrth gwrs 'i fod o. Oes rhywun wedi'i decstio fo eto?

Aled: Mi wnes i ryw awr yn ôl.

Rob: Gest ti ateb?

Aled: Do, mi ddwedodd 'i fod o ar 'i ffordd yma.

Gareth: Ti'n siŵr?

Rob: Cofia dy fod ti'n dyslecsig – mae darllen *yn* anodd i ti.

Aled: Dwi'n gallu darllen tecst, diolch Rob! Ddwedodd o 'i fod o ar 'i ffordd.

Rob: Tecstia fo eto.

Aled: Ocê. (*Yn tecstio*)

(*Saib*)

Gareth: Ateb?

Aled: Mae o o fewn pum munud.

Rob: Dim problem felly. *Glastonbury, here we come*!

(*Llais ar y tannoy. "Y trên nesaf i gyrraedd platform 2 fydd y trên hanner awr wedi deg o Gaergybi i Gaerdydd. Bydd y dosbarth cyntaf yn nhu blaen y trên."*)

Gareth: Well iddo fo symud neu bydd y trên wedi dod ac wedi gadael.

Aled: Fydd o yma.

Rob: Siŵr?

Aled: Siŵr.

(*Clywir sŵn y trên yn y pellter*)

Gareth: Mae'r trên yn dod.

Rob: Ble mae Josh?

(*Y trên yn agosáu*)

Aled: Fydd o yma.

(*Sŵn y trên yn uwch*)

(*Ffilm o drên yn cyrraedd ar y sgrin yn y cefn*)

Gareth: Reit, dewch!

Aled: Fydd o yma.

(*Y tri yn camu at y trên*)

Josh: (*Gan redeg i'r llwyfan a'i fagiau'n hedfan*) Bois, dwi yma!

GOLYGFA 2
Ar y trên

(Tawelwch)

Gareth: Ti mor lwcus.

Rob: Bron i ti golli'r trên.

Josh: 'Nes i ddim – felly peidiwch ffysian.
(Tawelwch)
Dwi'n sori reit, S-O-R-I.

Aled: Cym on, bois, allwn ni ddim osgoi
siarad â'n gilydd am benwythnos
cyfan. 'Dan ni'n mynd i Glastonbury
– rhaid *chill*io.

Josh: Wel, beth 'di'r cynllun, felly?

Gareth: Cyrraedd Caerdydd, newid y trên
a mynd i Fryste a newid y trên yno
a mynd ar drên Plymouth. Mynd i
ffwrdd rhywle ar y daith i Plymouth.
Yna bws i Glastonbury.

Aled: Wel ma popeth gynnon ni – mae'r
tywydd yn grêt felly do's dim problem.

(**Aled** *yn tecstio eto*)

Rob: Pwy wyt ti'n tecstio?

Aled: Neb.

Rob: Neb?

Aled: Ie, neb.

(*Saib*)

Gareth: Stopiwch, chi'ch dau.

Aled: Deud wrtho fo am beidio â busnesa 'ta.

(**Gareth** *yn edrych ar* **Rob**)

Rob: Olreit.

Josh: Faint o amser mae hi'n gymryd?

Aled: Pump awr.

Pawb: Pump awr!

GOLYGFA 3
Yn Glastonbury

(Cornel cae yn Glastonbury. Y sgriniau'n dangos golygfeydd amrywiol. Cerddoriaeth bwrpasol a golygfeydd o Arcade Fire neu The Scripts. Y pedwar yn cyrraedd yn araf ac yn edrych o gwmpas)

Aled: 'Dan ni yma.

Josh: Codi'r pebyll, bois?

(Cerddorieth yn dal yn y cefndir tra bod y bois yn gosod y pebyll pop-up. Yr olygfa yn edrych yn eitha doniol. Pedair pabell, sachau cysgu, offer bwyd yna gosod baneri ar y pebyll – dwy faner Cymru, a baneri Llewelyn a Glyndŵr)

Aled: Wel, 'dan ni yma.

Josh: Lwcus bod ti wedi cuddio'r drygs.

Aled: Pa ddrygs?

Gareth: Y rhai sy'n dy fag di.

Aled: Does dim drygs gen i – onest, bois.
(*Tawelwch*)
Onest!

(*Y tri yn chwerthin*)

Josh: 'Dan ni'n gwbod nad oes drygs gen ti, Aled.

Rob: Ti'n edrych yn nerfus – ti'n siŵr nad oes drygs gen ti?

Aled: (*Yn colli ei dymer*) Sdim drygs gen i, reit!

Gareth: *Chill*, Aled!

Josh: Buodd y boi *security* 'na gen ti am hydoedd.

Rob: Falle bod o'n licio ti, Al.

Aled: Bois, caewch hi.

Gareth: Do's dim ots gynnon ni, Al, beth 'nei di – meddwl agored – pawb at y peth y bo.

Josh: Beth bynnag ti'n ffansïo neud.

Aled: Doedd o ddim yn licio fi, reit?

Rob: Ocê lads, 'na ddigon.

(*Saib wrth i bawb baratoi'r pebyll. Lluniau ar y sgrin yn dangos golygfeydd gwahanol o'r ŵyl. Pobol mewn grwpiau, mwd, pebyll. Cerddoriaeth yn y pellter*)

Aled: (*Yn gwrando ar y miwsig*)
             Lads – gwrandwch.

(*Y pedwar yn gwrando*)

Josh: Dyna pam 'dan ni yma.

Gareth: Miwsig.

Rob: Merched.

Aled: A merched!

(*Ffôn Aled yn canu yn nodi iddo dderbyn tecst*)

Josh: Tecst arall?

Aled: Wel?

Gareth: Pwy sy'n tecstio ti drwy'r amser?

Aled: NEB!

Rob: Od nad oes neb yn tecstio – gad i fi weld beth sy'n bod ar dy ffôn di.

Aled: Dos!

Gareth: Pwy ydi o 'ta?

Aled: Anghofiwch o. Awn ni rŵan, bois?

Rob: Ocê. Ble awn ni gynta – dawns, acwstig, Chill, Pyramid?

Josh: Mynd efo'r crowd, bois.

Aled: Ocê, Glastonbury – daliwch yn sownd – mae'r lads yn dod!

(*Cerddoriaeth yn codi'n uwch*)

GOLYGFA 4
Ar wahân

(*Lluniau ar y sgrin yn dangos y bechgyn mewn gwahanol rannau o'r caeau. Daw* **Aled** *ar y llwyfan yn siarad ar ei ffôn*)

Aled: Fi sy yma. Stopia decstio... Na, mae o'n neis ond mae'r bois yn dechra ama rhywbeth... Beth?... Na, ddim yn ama dim... Na, mae popeth yn ocê... mae'n grêt yma... ydi, onest... Beth?... Na fedra i ddim... Na, *no way*, fedra i ddim... Maen nhw i gyd yn mwynhau... Na, na. Dwi'n mynd, ma rhywun yn dod.

(*Diffodd y ffôn*)

(**Gareth** *yn rhedeg at ei babell a'i wynt yn ei ddwrn. Cuddio y tu ôl i'r babell. Edrych draw at ochr y llwyfan*)

Gareth: Wyt ti'n gweld rhywun?

Aled: Am beth dwi'n chwilio?

Gareth: Dynion.

Aled: Mae angen mwy na hynna o wybodaeth arna i.

Gareth: Bechgyn mawr.

Aled: Beth ddigwyddodd? Ti ond wedi bod ar ben dy hun am ryw hanner awr. 'Di hynny dim yn ddigon hir i ti greu gelynion nac i ddechra ffeit.

Gareth: Wel, dim ffeit.

Aled: Pwy ydan nhw, felly?

Gareth: Criw o dde Cymru. O Bontypridd – roeddan nhw'n siarad Saesneg. Siarades i efo nhw a ddeudodd un rywbeth nad oedd yn neis iawn. Mi gerddes i off ond ddeudes i rywbeth yn Gymraeg wrthyn nhw.

Aled: Be 'di'r broblem?

Gareth: Maen nhw'n siarad Cymraeg!

Aled: Beth ddeudest ti, Gareth?

Gareth: Rhywbeth am eu mamau!

Aled: Yn Gymraeg?

Gareth: ''Da pwy ti'n siarad, byt,' deudodd un. 'Ti'n siarad Cymraeg?' 'Ydw pam, prat?' atebes i. 'Mae'n ddrwg gen i,' ddwedes i, 'mae *tourettes* arna i a fedra i ddim atal fy hun rhag ateb yn ôl.'

Aled: Hei, meddwl chwim.

Gareth: Ddim mor chiwm. 'Ma brawd fi yn diodde o *tourettes*, byt. Ti *out of order* yn cael laff ar pobol *disabled*. Fi'n mynd i slapo ti.'

Aled: A redest ti?

Gareth: Be oeddat ti'n disgwyl i fi neud – sefyll yno a deud wrtho fo '*Yeah, slap me*'?

Aled: Pwynt da.

Gareth: Dwi'n meddwl eu bod nhw wedi mynd i gyfeiriad y *vegan camp*.

Aled: Wel, fydd dim lot o *aggro* fan'no.

(*Saib*)

Gareth: Pam wyt ti 'nôl fan hyn?

Aled: Pam wyt *ti* 'nôl?

Gareth: Wedi anghofio rhywbeth.

Aled: A fi.

Gareth: Be?

Aled: Y?

Gareth: Beth wyt ti 'di anghofio?

Aled: Oes ots?

Gareth: Na, dim rili. (*Saib*) Dwi'n mynd 'nôl 'ta.

Aled: Iawn, dos. I ble ti'n mynd?

Gareth: Ro'n i'n meddwl mynd i Shangri-La.

Aled: Ble?

Gareth: Shangri-La – paradwys sy'n gwerthu popeth. Mae o fel parc antur i bobol fawr. Dwi off.

Aled: Mwynha.

Gareth: Ta-ra!

(*Yn gadael*)

Aled: (*Ffonio unwaith eto*) Ie... dwi yma... Na, paid â phoeni... Dwi am ddeud, onest... Rho siawns i fi... Ie, dwi'n deall hynny... o... mae rhywbeth yn bod ar y ffôn... (*Gwneud sŵn craclo*) Ta-ra... (*Rhyddhad ar ei wyneb*)

(**Aled** *yn mynd i'w babell. Dod 'nôl allan. Lluniau o'r bois eraill ar y sgrin o flaen llwyfannau gwahanol*)

Aled: (*Yn cario potel*) Reit – Pyramid nesa.

GOLYGFA 5
Mwynhau'r ŵyl

(*Cerddoriaeth Indie.* **Josh** *yn dod i mewn yn llechwraidd. Edrych yn y pebyll eraill yn ofalus. Gweld nad oes neb yno. Eistedd. Gwisgo clustffonau. Gwrando ar gerddoriaeth Queen* – 'Somebody to love'. *Yn meimio'r geiriau cyntaf. Clywed y gerddoriaeth yn y theatr* 'Will somebody, somebody, anybody find me somebody to love'. **Josh** *yn canu'r gân gan ddefnddio'i botel fel meic. Yn mynd i ysbryd y gân. Wrth iddo ganu daw* **Rob** *i mewn. Gwylio am ychydig – tynnu'i ffôn allan a dechrau recordio* **Josh**. **Josh** *yn symud yn wyllt wrth i'r gân orffen. Yna mae'n ymlacio*)

Rob: (*Yn cyffwrdd* **Josh** *ar ei ysgwydd.* **Josh** *yn neidio*)

Josh: Wa! Be ti'n neud, trio'n lladd i?

Rob: *Amazing!*

Josh: Be?

Rob: Ti a Freddie.

Josh: (*Yn dynwared*) 'Somebody to love' Glywest ti?

Rob: Ac mi recordies i ti. Ti fydd hit nesa Facebook. Falla ga i bres gan *You've Been Framed* – £250.

Josh: O'n i'n meddwl bod ti yn y Chill?

Rob: Ges i 'nhaflu allan – methu eistedd yn llonydd.

Josh: O'dd Miss Jones yn arfer deud yr un peth.

Rob: O'dd o'n *boring* – pobol yn eistedd ar y mats – llygaid wedi'u cau ac yn gwrando ar ryw bobol yn canu. Oddan nhw'n swnio fel angylion.

Josh: Ti wedi clywed angylion 'ta?

Rob: Na, ond mae gen i ddychymyg. O ie, ti'n astudio Drama. Anghofies i. Ti'n wahanol – yn gweld y byd o ongl wahanol.

Josh: Llai o *sarcasm*, plis. Pan fydda i'n

enwog ac yn serenu yn y West End, ti fydd y cynta i ddod i 'ngweld i a gofyn am lofnod.

Rob: Caria mlaen i freuddwydio.

Josh: Dwi'n gwybod bod ti'n genfigennus o bobol y ddrama – gweld 'yn bod ni'n llwyddo – yn gallu côpio â'r byd.

Rob: O ie – yn genfigennus o griw o *girly prats*!

Josh: Os wyt ti'n deud hynna i 'ngwylltio i, ti ddim yn 'y nabod i.

Rob: Be?

Josh: Wel, dwi'n cymryd bod yr holl feibs negyddol 'ma'n dangos bod ti hefyd am ganu a dawnsio.

Rob: Be?

Josh: Sdim ots gen i… dwi'n astudio Drama, cofia… dwi'n fodlon cynnig help i bawb.

Rob: Sdim problem gen i. Gen ti mae'r broblem, yn weindio pobol fel fi sy ddim yn gallu canu na dawnsio. Dwi ddim am berthyn i'r criw Drama, reit?

Josh: Methinks the lady doth protest too much.

Rob: Ti isio slap?

Josh: Trais – ie, trais… (*Wrth fynd i mewn i'r babell*) Wel, dwi wedi cael be dwi isio. Wela i di.

Rob: Ia, dos.

(**Josh** *yn gadael dan ganu* 'We are the champions'. **Rob** *yn edrych o'i gwmpas. Tynnu ei ffôn. Edrych arno. Mynd i decstio. Newid ei feddwl. Daw sŵn y gerddoriaeth Indie yn uwch. Gwrando*)

Rob: Reit, off â fi.

GOLYGFA 6
Y noson gyntaf

(Yn hwyr y noson honno. Y pedwar yn eistedd y tu allan i'w pebyll. Bwyta Pringles neu rywbeth tebyg. Cerddoriaeth i'w glywed yn dawel yn y cefndir)

Gareth: Beth rŵan?

Aled: Gêm?

Josh: O be?

Aled: Unrhyw beth.

Rob: Na.

Josh: Eisteddwn ni fan hyn a mwynhau'r awyrgylch.

Gareth: Beth am Snap?

Rob: Be!

Josh: Ti o ddifri?

Gareth: Pam lai? Mae'n gallu bod yn hwyl.

Josh: Pan ti'n chwech oed!

Rob: Eistedd a gwrando ac ymlacio.

(*Saib. Ar y sgrin daw llun merch yn cerdded heibio*)

Gareth: Welest ti hi?

Rob: Lyfli.

Gareth: Faset ti'n...?

Josh: Baswn, dim amheuaeth.

Gareth: Gusanwn i hi.

Rob: Faset ti'n mynd allan efo hi?

Gareth: Dibynnu. Mae mwy i ferch na sut mae hi'n edrych ac mae Sioned gen i, beth bynnag.

Aled: Ti a Sioned yn agos?

Gareth: Be? Wrth gwrs ein bod ni.

Rob: Efalla y gwna i ffindio fy enaid hoff cytûn y penwythnos yma.

Aled: Dy be...?

Rob: Odd Miss Jones yn pregethu am eneidia hoff cytûn yn y gwersi Cymraeg. Pan ti'n ffindio rhywun sydd yn iawn i ti – fel maneg.

Aled: Bydda i'n siŵr o ddod o hyd i rywun rhyw dydd.

Gareth: Mi ydw i wedi gneud.

Josh: Ti ddim ychydig yn rhy ifanc?

Gareth: Na, Sioned 'di'r un i fi. 'Dan ni'n dod mlaen mor dda, yn hoffi'r un petha ac yn casáu petha erill. Perffaith.

Josh: Ti ddim ychydig yn ifanc i ffindio'r un iawn?

Gareth: Na, fedra i ddychmygu ni'n priodi ac yn cael plant.

Josh: Fedra i ddim dychmygu ymhellach ymlaen nag wythnos nesa heb sôn am weddill 'y mywyd.

Aled: Ti'n rhy ifanc i drefnu gweddill dy fywyd, ti'm yn meddwl?

Rob: Falle gweli di rywun gwell heddiw, fory, wythnos nesa...

Josh: Neu falle bydd hi wedi dod o hyd i rywun newydd.

Aled: Does gan neb belen i weld y dyfodol.

Gareth: Na, 'dan ni'n deall ein gilydd. 'Dan ni'n caru'n gilydd, felly sdim problem.

Josh: Yr unig betha dwi'n caru ydi bwyd a Mam!

Rob: Ond faset ti ddim yn cusanu dy fam!

Josh: Na faswn, ond dwi'n rhy ifanc i setlo lawr eto. Mae'r holl fyd o 'mlaen i.

Gareth: Ond dyna be dwi isio.

Josh: Ia, iawn – ond ti ddim yn gwybod beth sydd o dy flaen di.

Aled: Awn ni i weld rhywun sy'n medru deud ffortiwn. Mae 'na le wrth y babell *vegan*.

Rob: Gawn ni siarad am rywbeth arall? Mae hyn yn *boring*.

Josh: O sori, sori, sori. Be 'dan ni'n mynd i neud felly, Mr Trefnus?

Rob: Be ti'n feddwl?

Josh: Chwilio am laff dwi.

Rob: Mae popeth yn laff i ti.

Aled: Paid â panicio, Rob. Chwarae mae o.

Rob: Dwi ddim yn chwerthin.

Josh: Paid â panicio.

Rob: Dwi ddim yn panicio…

Gareth: Ti wastad yn sbwylio petha, Rob. Dwi ddim yn gwbod pam ti'n dod efo ni.

Rob: Ond fi sy'n trefnu pob dim. Pe bawn i ddim yma fasech chi byth wedi cyrraedd.

Aled: Be ddeudest ti?

Rob: Sdim syniad gan yr un ohonoch chi...

Aled: Dim syniad?

Rob: Fyddech chi'n neb heblaw amdana i. Dach chi'n meddwl 'ych bod chi'n grêt. Pawb yn meddwl bod chi'n cŵl. Wel, dy'ch chi ddim. Sham ydi o i gyd. Tase pobol yn sylweddoli sut rai ydach chi, fasa neb am 'ych nabod chi. Denu merched? Alle 'run ohonoch chi ddenu annwyd! Aled – ti'n gwastraffu dy amser yn tesctio rhywun dirgel. Josh – ti *wannabe* rhywun dwi ddim isio bod. A ti, Gareth – wel, be fedra i ddeud? Babi Mam ac wedi priodi'n barod!

(*Y tri yn eu tro'n colli amynedd yn ystod yr araith*)

Gareth: Dos o 'ma, Rob, cyn i fi roi slap i ti.

Rob: Paid poeni, dwi'n mynd. Ogla ofn yn neud fi'n sâl.

Josh: Ti sy'n neud ni'n sâl. Felly dos, a paid â dod 'nôl.

(**Rob** *yn gadael ar frys*)

(*Saib*)

Aled: Wel, ddaeth hynna o nunlle.

Gareth: Dwi'n gwybod.

Josh: Ti'n meddwl bod o'n genfigennus am nad oes cariad ganddo fo?

Aled: Dwi ddim yn gwybod – ychydig yn rhy sensitif, ddwedwn i.
(**Josh** *yn chwerthin*)
Mae'n siŵr 'i fod o'n chwilio am 'i enaid hoff...

Josh: Hoff cytûn.

Aled: Ti mor dda.

Gareth: Wel, beth am fynd i grwydro eto. 'Na ddigon o siarad diflas am heddiw. Dewch, lads, mae holl ferched y byd yn aros amdanon ni. (*Saib*) I chi, nid i fi, wrth gwrs!

GOLYGFA 7
Y bore wedyn

(Bore cymylog, sŵn adar a gwynt ysgafn, ond y sgriniau'n dangos yr awyr yn llwyd ac yn dawel. **Aled, Josh** *a* **Gareth** *yn eistedd tu allan i'w pebyll yn dal yn eu sachau cysgu. Yn edrych yn flinedig)*

Aled: Ddoth o 'nôl?

Josh: Naddo.

Aled: Ti'n meddwl bod o'n iawn.

Josh: Dim syniad.

Aled: Oes ots gen ti?

Josh: Nag oes.

Gareth: Falle 'i fod o wedi cael 'i fygio a'i adael i farw o dan wrych, neu cael ei ddal gan *aliens*... Aeth o ychydig dros ben llestri neithiwr.

Josh: Ychydig?!

Gareth: O'dd o wedi bod yn yfed?

Aled: Dwi'n meddwl, ond ddim llawer.

Gareth: Ges i un can.

Josh: Ges i gwpwl.

Aled: Ches i 'run diferyn, 'y 'nghorff yw 'nheml i. Mae'n lle sanctaidd. Chaiff alcohol ddim dod yn agos at y corff perffaith 'ma.

Gareth: Be?

Aled: Chaiff dim diferyn o alcohol gwenwynig ddod yn agos at 'y nghorff i.

Josh: Achos y nofio?

Aled: Yn union. Os yfa i un can, bydd rhaid i fi nofio bum gwaith hyd y pwll i gael gwared arno.

Josh: Wir? Wow!

(*Saib. Swn tecst ar ffôn* **Aled**)

Aled: *Network* yn neud rhyw gynnig i fi.

Josh: Ie ie.

Aled: Be ti'n feddwl?

Josh: Mae'r *network* yn ffrind da iawn i ti, felly. (*Yn ceisio dwyn y ffôn*) Gad i fi weld.

Aled: (*Yn symud yn gyflym*) Geroff – paid â bod mor blydi fusneslyd.

Gareth: *Chill*, Al. 'Dan ni fod i fwynhau'n hunain nid cweryla. Gad o, Josh.

(*Saib anghyfforddus*)

Gareth: Be sy o'n blaena ni heddiw 'ta? (*Saib*) Ro'n i'n meddwl mynd o gwmpas y llwyfanna perfformio ym mhen arall y cae. Mae lot o stwff da fan'no ddeudodd rhywun neithiwr.

Josh: Dwi am fynd i'r babell acwstig – mae grwpia o Gymru yno bore 'ma.

Gareth: Be wyt ti am neud, Aled?

Aled: Mm, dal i feddwl. Falla a' i draw i'r lle dawns neu i wylio'r grwpia newydd.

Josh: Grêt.

(*Maen nhw i gyd yn decrha paratoi i adael. Daw* **Rob** *i mewn*)

Rob: Bois, o'n i yn y lle tsiarjo ffôn Orange a dath rhyw ddyn ata i a gofyn a o'n i isio lein. Mi ddwedes i bod gen i signal. Nage, medda fo, lein o *coke*. Gwrthod 'nes i. Rhyfedd yndê. (*Tawelwch*) Ddim yn rhyfedd i chi, felly?

Gareth: Neis dy weld ti eto, Rob.

Aled: Lle ti 'di bod?

Rob: Es i draw at y lle Chill ac arhoses i fan'no drwy'r nos.

Aled: Oeddat ti angen neud hynny.

Rob: Sori, bois, ond roeddach chi'n fy weindio i, cofiwch.

Gareth: Oeddan, mae'n siŵr.

Aled: Wel, 'dan ni off rŵan.

Josh: Welwn ni ti 'nôl fan hyn nes ymlaen.

Rob: Olreit. (*Y tri'n gadael*) Reit, ocê, mae'n amlwg i fi ddeud petha na ddylwn i neithiwr. O wel, sdim ots.

(*Edrych drwy ei fag ac yn tynnu taflen allan. Llun seicadelig ar y blaen*)

Dwi'n credu a' i fan hyn bore 'ma. (*Yn darllen*) 'Have the experience of your life – have your stones read and your bumps analysed. See your future before you.'

Mae hwn yn swnio'n syniad da. Wela i'r bois eto.

(**Rob** *yn gadael*)

GOLYGFA 8
Yn y prynhawn

*(5 o'r gloch y prynhawn. Haul tanbaid. Cerddoriaeth Shirley Bassey i'w chlywed. Lluniau o bobol yn canu, yn torheulo ac yn cysgu. **Aled** i mewn yn ei babell)*

Aled: *(Yn darllen tecst)* Ocê... ocê...
(Tecstio 'nôl. Y tecst yn ymddangos ar y sgrin. 'Ydw, dwi'n barod rŵan. Dwi'n gaddo. Dim problem.')

*(**Aled** yn eistedd yn anfodlon. Ddim yn gwybod beth i'w wneud â'i hunan. Daw **Rob** i mewn yn darllen cylchgrawn. Dydy o ddim yn sylwi ar **Aled** i ddechrau)*

Rob: O haia!

Aled: Helô.

(Tawelwch ansicr)

Rob: Wedi cael amser da?

Aled: Do, ti?

Rob: Iawn.

Aled: Gwd.

(*Tawelwch. Ffôn* **Aled** *yn gwneud sŵn tecst ac* **Aled** *yn edrych*)

Rob: Dal yn boblogaidd.

Aled: Be?

Rob: Ti dal yn boblogaidd – y tecsts?

Aled: O, ia.

(**Aled** *yn mynd i mewn i'w babell i nôl rhywbeth.* **Rob** *yn gweld bod ffôn* **Aled** *yn dal yno. Mae'n ystyried a ddylai edrych ar y ffôn cyn i* **Aled** *weld.* **Rob** *yn penderfynu troi ei gorff fel y gall weld sgrin y ffôn. Sicrhau nad yw* **Aled** *yn dod yn ôl. Troi y ffôn fel ei fod yn wynebu* **Rob**. **Aled** *yn dod 'nôl yn gyflym*)

Aled: Be ti'n neud?

Rob: Dim.

Aled: Wyt.

Rob: Dwi'n eistedd yn yr haul yn ceisio cael lliw haul.

Aled: Ddim yn iach i ti.

Rob: Be?

Aled: Lliw haul.

(*Saib*)

Rob: Pam ti ddim yn fodlon i ni gael gwybod pwy sy'n dy decstio di?

Aled: Ddim byd i neud efo ti.

Rob: Iawn, ond mae o'n niwsans – yr holl pings drwy'r dydd a'r nos.

Aled: Neud dim drwg i ti.

Rob: Os nad oes gen ti unrhyw beth i'w guddio, gad i fi weld dy ffôn di.

Aled: Na chei.

Rob: Pam?

Aled: Sdim rhaid i fi neud dim i dy gadw di na'r lleill yn hapus.

Rob: Be sy gen ti i'w guddio?

Aled: Dydy o ddim byd i neud efo ti.

(*Tecst arall yn cyrraedd.* **Rob** *yn neidio am y ffôn. Rhedeg i ochr arall y llwyfan.* **Aled** *ar ei ôl.* **Rob** *yn darllen y tecst yn gyflym*)

Rob: 'Rhaid deud… neu bydd hi'n… rhy… hwyr.'

(**Rob** *yn gweld pwy sydd wedi gyrru'r tecst. Gollwng y ffôn.* **Aled** *yn ei godi*)

(*Tawelwch*)

Aled: Wel?

        (**Rob** *yn dweud dim*)

Aled: Deud rywbeth.

Rob: Sdim byd i'w ddeud.

Aled: Dwi ddim yn dy gredu di.

Rob: Sgen i ddim i'w ddeud.

Aled: Wyt ti am ddeud wrtho?

Rob: Deud wrth bwy?

Aled: Wrth Gareth.

Rob: Pam?

Aled: Ti'n ffrind iddo fo.

Rob: Mi wyt ti hefyd – i fod.

Aled: Ti ddim am ddeud felly?

Rob: Nag ydw, ond mi wyt *ti*.

Aled: Be?

Rob: Mae'n rhaid i *ti* ddeud wrth Gareth.

Aled: Dim o gwbwl.

Rob: Ydi hynny'n rhy anodd?

Aled: Sdim byd na neb yn mynd i neud i fi ddeud wrth Gareth. 'Di o ddim byd i

neud efo Gareth. Mae'r hyn sy gen i a
Sioned yn sbesial – yn wahanol.

Rob: Ac mae Gareth yn rhan o'r 'gwahanol'
yma, ydi o?

Aled: Be ti'n feddwl?

Rob: Fydd Gareth yn rhan o dy gynllunia di
a Sioned? Fyddwch chi'ch tri yn mynd
allan efo'ch gilydd? Ar wyliau efo'ch
gilydd? Mynd i'r coleg neu'n gweithio
yn yr un lle efo'ch gilydd? Gall hynny
fod yn ddiddorol!

Aled: Pwy sy'n deud?

Rob: Wel, yr holl *agony aunts* yma. Dwi 'di
darllen ar Facebook – pobol yn rhoi
cyngor. Caru rhywun 'dan nhw ddim
fod i'w garu – ddim yn gwybod pa
ffordd i droi. Neu dau yn caru'r un
un. Pob math o atebion i bob math o
broblemau. Ti am i fi yrru dy broblem
di i *ineedhelp.com*?

Aled: Pam wyt ti'n neud hyn?

Rob: Neud be?

Aled: Actio'n gymaint o...

Rob: Rŵan, rŵan, wnaiff galw enwa ddim cynnig fawr o help i neb.

Aled: Paid â 'nhrin i fel plentyn.

Rob: Paid ag actio fel plentyn, 'ta.

Aled: Chaiff Gareth ddim gwybod gen i. Os bydd Sioned am ddeud, wel, 'na ni.

Rob: Mae o'n ffrind i ti, yn un o'r gang. Mae ffrindia i fod yn ffyddlon i'w gilydd, a ddylian nhw ddim dwyn petha pwysig oddi ar ei gilydd.

Aled: Dyw'r ddau ddim rili'n mynd allan efo'i gilydd.

Rob: Ydyn, ers tair blynedd. Mae'r ddau'n mynd ar eu gwyliau mis Awst efo rhieni Sioned i Majorca. Glywest ti Gareth yn sôn am hynny ddoe.

Aled: Ond mae Sioned yn deud nad ydi
hi'n 'i garu o am 'i fod o mor ddiflas.
Dwi'n cynnig lot mwy iddi.

Rob: Biti na faset ti'n clywed dy hun. Ti'n
swnio fel rhyw foi naïf ar *Eastenders.*
Ti'n twyllo dy hun. Maen nhw'n caru'i
gilydd.

Aled: Sut wyt ti'n gwbod? Wyt ti'n siarad
efo Gareth am 'i emosiyna bob dydd?
Eistedd, yn cael sgwrs fach neis yng
nghornel y ffreutur? Dwi ddim yn
credu.

Rob: Yr unig beth rwyt ti'n 'i neud ydi
chwerthin ar 'i ben o. Ti'n 'i drin o'n
uffernol. Yn uffernol.

Aled: Rob, pam wyt ti'n byw mewn rhyw fyd
bach diniwed? Mae'n siŵr bod popeth
yn lyfli ym myd bach Rob – neb yn
gas, popeth yn berffaith. Pob dim
yn rhan o rhyw ddrama fach gyfleus.
Dechrau, canol a diwedd taclus. Ti
mor... mor...

Rob: Mor be, Aled?

Aled: Mor ddramatig – mae'n rhaid i ti greu rhyw wrthdaro a bod yn rhaid i bawb 'i wynebu fo. Ti'n deall theori *chaos* y pili-pala?

Rob: Be?

Aled: Bydd pili-pala'n symud 'i adain mewn un wlad ac erbyn iddo gyrraedd y cyfandir nesa bydd o wedi newid yn gorwynt. Fel carreg mewn llyn...

Rob: Ti'n siarad rybish weithia. Mae'r hel meddylia am Sioned wedi effeithio ar dy ben di.

Aled: Cer i wrando ar fwy o dy gerddoriaeth i ti gael *chill*io.

Rob: I ddod 'nôl at y pwnc – ti'n deud wrth Gareth heno.

(**Rob** *yn gadael*)

(*Ffôn* **Aled** *yn canu – tecst arall*)

Aled: Be rŵan?

(**Gareth** *a* **Josh** *yn ôl.* **Aled** *yn mynd i mewn i'w babell – y ddau ddim yn gweld hyn*)

Gareth: Be wyt ti wedi'i brynu?

Josh: Cyfrinach.

Gareth: Gad fi weld?

Josh: Na!

Gareth: Presant?

Josh: Falle.

Gareth: I bwy?

Josh: Ti ddim yn gwybod?

Gareth: Na, dwi ddim yn meddwl.

Josh: Siŵr?

Gareth: Siŵr.

Josh: Meddylia – pwy weles i gynna?

Gareth: Eddie.

Josh: Nage.

Gareth: Pwy?

Josh: Sandra.

Gareth: Sandra?

Josh: Y ferch o Gaernarfon – yr un o'n i'n nabod o Facebook.

Gareth: Ti wedi prynu presant iddi?

Josh: Pam ddim? Mae hi'n neis ac mae hwn yn neis felly falle bydd yr adar yn canu heno!

Gareth: Ti'n siarad mewn ridls weithia – wel, drwy'r adeg i fod yn onest, a ti'n dal ddim wedi deud beth sydd yn y bag.

Josh: Reit, dyma fo – buwch goch.

Gareth: Buwch goch?

Josh: Buwch goch.

Gareth: Efo hwn rwyt ti am ddenu'r ferch o Gaernarfon?

Josh: Fydd hi'n methu dweud na.

Gareth: Gobeithio – gobeithio.

GOLYGFA 9
Diwedd y prynhawn

(*Mae* **Gareth** *a* **Josh** *yn dod 'nôl i'r pebyll gan yfed o boteli dŵr*)

Gareth: Roedd hwnna'n *awesome, amazing,* anhygoel.

Josh: Mae geiriau yn sbwylio'r profiad.

Gareth: Ti'n iawn.

Josh: Pwy fasa'n meddwl bod un o hoff grwpia Mam mor dda!

Gareth: Duran Duran – ddim yn gwneud lot i'n *street cred* ni!

Josh: Ond rwyt ti'n medru deud 'u bod nhw'n retro cŵl.

Gareth: Gwir.

Josh: Ble mae'r ddau arall?

Gareth: Ddim yn siŵr – heb weld y ddau drwy'r dydd.

Josh: Ti ddim yn meddwl bod Aled yn actio'n od?

Gareth: Mwy od nag arfer?

Josh: Ydi, mae o'n fwy od nag arfer. Mae o'n... bell. Ia, 'na'r gair – pell.

Gareth: Falle 'i fod o'n poeni am rywbeth, neu bod trafferthion adra.

Josh: Ti'n iawn, mae'n siŵr. 'Di Aled ddim yn un i sarad am ei deimlada. Ychydig yn dywyll fel person.

Gareth: Ydi, mae o. Ar wahân – mewnblyg 'di'r gair, dwi'n meddwl.

Josh: Ar wahân i'r byd a'i boenau. (*Saib*) Ti a Sioned yn dal i fynd allan, felly?

Gareth: 'Dan ni fel cwpwl priod! Mae hi'n lyfli, dwi'n dod ymlaen efo hi'n grêt. Mae hi fel rhyw fath o... .

Josh: Enaid hoff cytûn?

Gareth: Be?

Josh: Hi 'di'r yang i dy ying!

Gareth: Ia, mae'n siŵr. Ying a yang.

(**Rob** *yn dod i mewn gan gario can o Coke*)

Rob: Reit, bois?

Gareth: Lle mae Aled?

Rob: Ro'n i efo Aled ond aeth o i mewn i ryw babell yn llawn o bobol yn canu gwerin. Ychydig bach yn *musty* i fi.

Josh: Ydi Aled yn hoffi canu gwerin?

Rob: Ma Kylie mwy yn 'i fyd o.

(*Chwerthin*)

Josh: Mae o'n actio'n rhyfedd – ar bigau.

Rob: Dwi'n siŵr does dim byd mawr yn bod.

Gareth: Ond fase fo ddim yn deud, beth bynnag.

Rob: Na fasa… mae'n siŵr.

Josh: Ti isio rhywbeth i'w fwyta?

Rob: Be sy gen ti?

Josh: Hula Hoops, Doritos, Haribos, pob math o betha neis.

Rob: Pringles?

Josh: Fwytoch chi nhw i gyd neithiwr.

(*Tawelwch*)

Rob: Sut mae Sioned?

Gareth: Iawn –siarades i efo hi gynna. Mae'n iawn – yn 'y ngholli i, wrth gwrs, ond roedd y merched yn mynd i'r sinema i weld rhyw ffilm.

Rob: Ers pryd dach chi wedi bod yn mynd allan?

Gareth: Ers Blwyddyn 9. Ma hi'n rili neis. Fydd hi'n dod 'nôl i'r ysgol mis Medi i'r Chweched ac mae'n siŵr y gnawn ni drio mynd i'r un coleg os bydd hynny'n bosib.

Josh: Falle byddwch chi wedi gorffen erbyn hynny.

Gareth: Wel, na, dwi ddim yn gweld hynna'n digwydd – 'dan ni'n gyfforddus ar hyn o bryd.

Rob: Dach chi'n siŵr?

Gareth: O be?

Rob: Eich bod chi'n gyfforddus?

Josh: Gad lonydd iddo, Rob. Ti'n eiddigeddus.

Rob: Nag ydw.

Josh: Pryd orffennest ti a Siân?

Rob: Blwyddyn bellach. Pam?

Josh: Wel, meddwl falle bod ti'n dyheu am fod fel Sioned a Gareth.

Rob: Nag ydw, sdim diddordeb gen i mewn mynd allan efo neb.

Josh: Ti'n siŵr?

Rob: Na, dwi'n hapus fel hyn. Dim ond fi – neb arall yn 'y nilyn i nac yn fy arwain i.

Gareth: Gad lonydd iddo fo, Josh.

Josh: Dim ond gofyn.

(**Aled** *yn ymddangos yn bwyta kebab*)

Rob: Lle wyt ti wedi bod?

Aled: Rownd y lle.

Rob: Lle?

Aled: Mynd o babell i babell.

Gareth: Rhywbeth diddorol?

Aled: Rhai grwpia da a rhai pobol od. Rhai merched neis a rhai gwahanol hefyd.

Rob: Digon o bobol ryfedd rownd fan hyn.

Gareth: Mae'n braf bod yng nghanol pobol – pobol wahanol.

Aled: Ydi, Gareth, ti'n iawn.

Josh: Be 'dan ni am neud heno? Pa grwpia 'dan ni am weld?

Gareth: Ddim yn siŵr, i fod yn onest. Faswn i'n hoffi mynd i'r Pyramid. Mae lot o grwpia yno dwi am eu gweld – U2, Diddy...

Aled: Dwi'n casáu rap – mae o mor llynedd.

Rob: (*Yn dynawred*) 'Mae o mor llynedd'. Ti 'di clywed dy hun?

Aled: Be? Problem?

Rob: Na, dim ond deud.

Gareth: Ti'n cuddio rhywbeth?

Rob: Be?

Gareth: Ti 'di cyfarfod rhywun, yn dwyt?

Rob: Be ti'n feddwl? Ti ar rywbeth?

Gareth: Nag ydw, er 'mod i wedi cael cynnig digon o betha.

Josh: Reit, shysh! Lle 'dan ni'n mynd heno?

Aled: Draw at y Pyramid dwi'n cynnig.

Rob: Synnu bod ti am ddod efo ni.

Aled: Be sy'n bod arnat ti?

Rob: Wel, rhag ofn i ti golli tecst arall.

(*Tawelwch*)

Aled: Sdim tecst yn dod drwy'r adeg.

Gareth: Rhaid i ti gyfadda bod dy ffôn wedi canu lot ers i ni ddod yma.

Aled: Oes gynnoch chi broblem efo'n ffôn i? Dach chi am i fi newid y sŵn neu

rywbeth, neu am i mi ddeud wrth
bobol am beidio â tecstio fi.

Gareth: Paid â bod mor sensitif.

Aled: Dim ond deud – rhannu meddyliau.

Rob: Rhannu popeth efo ni, ddeudest ti?

Aled: Be sy'n bod rŵan?

Rob: Ti'n deud bod ti am rannu popeth efo
ni.

Aled: NADDO!

(**Aled** *yn dechrau teimlo'n anghyfforddus*)

Rob: Dim ond cael hwyl – laff. Cer i chwilio
am ragor o gans, Aled, a tyrd 'nôl
mewn gwell hwylia.

Aled: Mae'n hwylia i'n iawn – wel, mi
oeddan nhw tan i fi ddod 'nôl fan hyn.

Rob: Ti'n beio ni?

Aled: Wel, o'n i'n iawn tan i fi'ch gweld chi.

Josh: Waeth i ti fynd os wyt ti'n teimlo fel 'na.

Aled: Wna i – wela i chi wedyn.

(**Aled** *ar fin gadael – tecst ar ei ffôn.* **Aled** *yn edrych ar* **Rob** *a* **Rob** *yn gwenu ar* **Aled**. *Saib*)

Gareth: Ti'n mynd?

Aled: Na, arhosa i, dwi'n meddwl – cael sbel yn y babell.

(*Saib annifyr.* **Aled** *yn mynd i'w babell. Dod 'nôl â can*)

Rob: Dal i gael tects.

Aled: Problem?

Rob: Na. (*Saib*) Dim ond deud.

Josh: Be sy'n bod arnoch chi'ch dau? Dach chi fel dau gariad wedi cweryla.

Rob: Dwi ddim yn meddwl.

Josh: Wel, be sy'n bod, felly? (*Saib*) Neb am ddeud?

Rob: *Fi* sydd ddim yn hoffi rhagrith.

Josh: Rhagrith?

Rob: Ie, pan fydd rhywun yn *deud* un peth a *gneud* rhywbeth gwahanol.

Josh: Dwi'n gwybod be 'di ystyr rhagrith!

Gareth: Be sy gan ragrith i'w neud ag Aled?

Rob: Aled?

Aled: Be?

Rob: Ateb y cwestiwn.

Aled: Sgen i ddim i'w ddeud.

Josh: Pam wyt ti a Rob yn cweryla?

Aled: (*Saib*) Dim rheswm.

Josh: Ti wedi gneud rhywbeth?

Aled: Dim – heb wneud dim.

Gareth: Mae'n siŵr bod yr holl tecsts 'na…

Aled: Be?

Gareth: … yn mynd ar 'i nerfa fo?

Rob: Na, dydi'r sŵn ddim yn 'y mhoeni i.

Gareth: Be, felly?

Rob: Wyt ti am ddeud, Al?

(*Mae'r awyrgylch yn dechrau newid. Mwy o densiwn*)

Gareth: Be ti'n 'i guddio, Aled?

Aled: Dim.

Gareth: Mae'n rhaid bod ti – gan fod Rob yn dy wylltio di. Be mae o'n 'i guddio, Rob?

Rob: Deud ti, Al.

Aled: Gad o, Rob, cau dy geg a gad lonydd i fi. Dydy o ddim byd i'w neud â ti.

Gareth: Be?

Rob: Ddim yn siŵr, Gareth.

Aled: O bydd dawel. Cau dy geg! Ti'n gwbod dim. Dim.

Gareth: Pam ti mor flin?

Aled: Dwi ddim yn flin. Rob sy'n weindio fi.

Rob: Dwi ddim yn weindio ti – dwi i ddim 'di deud gair.

Aled: Dwi'n mynd.

Gareth: Pam? Ti heb ddeud wrthon ni eto.

Aled: Dwi ddim *am* ddeud o gwbwl – felly anghofiwch o.

(*Yn cychwyn gadael.* **Rob** *yn sefyll o'i flaen*)

Dos o'r ffordd.

(**Rob** *ddim yn symud*)

O'r ffordd!

(*Y ddau'n wynebu ei gilydd.* **Gareth** *a* **Josh** *ddim yn gwybod beth i'w wneud. Saib annifyr*)

Rob: Cyn i ti fynd – deud.

Aled: Na.

Rob: (**Rob** *yn wynebu* **Aled** *ac yn dweud yn dawel*) Deud.

Aled: (*Yn gweiddi*) Na wna!

Gareth: Deud wrtho, Aled – er mwyn cau 'i geg.

Aled: Cau di hi, Gareth, ti mor stiwpid weithia.

Gareth: Be?

Rob: Gwranda arno fo, Gareth. Mae Al yn gwbod popeth.

Aled: Bydd dawel, Rob.

Rob: Dechra gwylltio?

Aled: Ddim yn deud gair.

Gareth: Deud dim eto?

Aled: Dim byd pwysig.

Rob: Sut alli di sefyll yno a deud nad ydi o'n bwysig?

Aled: Paid â 'mhwsho i.

Rob: O, mae arna i gymaint o ofn!

Josh: Beth pwysig sydd heb 'i ddeud?

Aled: Dim byd i neud â ti.

Rob: Ond mae o i neud â rhywun arall.

Gareth: Pwy?

Rob: (*Yn agos at* **Aled** *ac yn dweud wrtho'n dawel*) Deud.

Aled: (*Saib eithaf hir. **Aled** yn sylweddoli ei fod wedi'i gornelu*)
Alli di ddim 'y ngorfodi i.

Rob: Tasat ti'n hanner dyn, basat ti wedi deud erbyn rŵan. Ond falle nad oes gen ti ddigon o asgwrn cefn.

Gareth: Dwi'n hollol ar goll fan hyn. All rhywun ddeud be sy'n mynd ymlaen?

Rob: Gofyn i Aled, Gareth. Gofyn i Aled, dy ffrind annwyl di.

Gareth: Aled?

Aled: (*Wedi saib hir*) Mae Sioned a fi wedi bod allan efo'n gilydd.

Gareth: I ble?

Aled: Paid â bod yn stiwpid. *Dwi'n* mynd allan efo Sioned ac mae *hi* am orffen efo ti pan ei di 'nôl adra.

Rob: Dyna i gyd?

Aled: Ia.

Rob: Gareth?

Gareth: Ti, yn mynd allan efo Sioned?

Aled: Ydw.

Gareth: Sut alli di? Ti fod yn ffrind! 'Dan ni fod i edrych ar ôl ein gilydd.

Aled: Mewn ffilmia fel *Shrek* falle ond ddim mewn bywyd go iawn. Dwi'n edrych ar ôl fy hun.

Gareth: Ti a Sioned?

Aled: Tecstio fi bob dydd – bob awr – bob munud i fod yn onest.

Josh: Dyna pwy sy'n tecstio ti?

Gareth: Sioned? Fy Sioned i!

Aled: Sbia, Gareth. Rodd hi am fynd allan efo rhywun *exciting* – rhywun oedd yn gneud iddi chwerthin, rhywun ychydig yn beryglus. A bod yn onest, Gareth, ti ddim yn beryglus, wyt ti? Faswn i byth yn defnyddio'r gair peryglus i dy ddisgrifio di. Saff, ond byth yn beryglus.

Gareth: (*Yn dawel, ac yn ceisio'i reoli ei hun*) Saff? Saff? Dwi'n saff?

Aled: (*Yn or-hyderus*) Ia, dyna ddeudodd Sioned – saff a diflas. Dyna ddeudodd hi.

Gareth: Iawn… iawn.

(*Yn sydyn ma* **Gareth** *yn ymosod ar* **Aled** *gan daflu ei holl bwysau yn nerthol arno ac yntau'n disgyn ar lawr. Yna mae'n ei ddyrnu'n ddidrugaredd. Mae* **Josh** *yn tynnu* **Gareth** *oddi ar* **Aled** *ond llwydda hwnnw i ddianc o'i afael cyn ailymosod ar* **Aled**. *Mae* **Aled** *yn taro'i ben ar garreg wrth ochr ei babell ac yn gweiddi mewn poen*)

Ia, gwaedda, Aled, gwaedda di! Ddangosa i pwy sy'n saff!

(*Aiff* **Gareth** *unwaith eto i ddyrnu* **Aled**. *Mae'n ffeit gas a chiaidd ac mae* **Aled** *yn edrych ychydig yn ansicr*)

Josh: Gad o, Gareth, gad o.

Rob: Paid â'i ladd o, Gareth.

Gareth: Fydda i'n teimlo'n well wedyn.

(*Mae* **Rob** *yn dal* **Gareth** *a* **Josh** *yn troi at* **Aled**)

(*Tawelwch*)

(*Clywir sŵn tecst yn cyrraedd ar ffôn* **Aled**)

Gareth: Sioned, ia? Deud haia wrtha i. Mi gei di hi. Mae unrhyw ferch sy'n ffansïo ti angen *lobotomy*.

(**Gareth** *yn rhedeg allan*)

Rob: Dos ar ei ôl o, Josh. (*Saib*) Dos, cyn iddo fo neud rhywbeth stiwpid.

(**Josh** *yn gadael.* **Aled** *yn dal ar y llawr ac yn rhwbio ei ben mewn poen.* **Rob** *yn sefyll gerllaw*)

Rob: Ti'n iawn?

Aled: Ydw.

Rob: Mae'n well bod y gwir allan.

Aled: O ydi, dwi'n teimlo lot gwell rŵan!

Rob: Fydd petha byth yr un peth rhyngon ni.

Aled: Oes ots? 'Dan ni'n tyfu – aeddfedu.

Rob: A ti a Sioned? Aeddfedu?

Aled: (*Saib*) Mae hi'n disgwyl.

(*Saib*)

Rob: Be?! Mae hynna *yn* gneud petha'n wahanol.

Aled: Ydi, felly paid â darlithio am fod yn aeddfed.

Rob: Dwi'n mynd i gael brêc.

Aled: Dos di, arhosa i fan hyn – mae 'mhen i'n dal i frifo ar ôl syrthio ar y garreg.

Rob: Dim ond dy ben di?

(**Rob** *yn gadael*)

Aled: (*Ffôn yn gwneud sŵn tecst*)
(*Yn tecstio*) 'Mae Gareth yn gwybod.'

GOLYGFA 10
Tua 2 o'r gloch y bore

(Lluniau o olygfeydd ar y sgriniau. Cerddoriaeth dawel iawn yn y cefndir. Clywir lleisiau yn gweiddi)

Gareth: *(Oddi ar y llwyfan)* Gobeithio 'i fod o'n brifo. 'Na i orffen y job rŵan.

*(Mae'n amlwg bod **Gareth** wedi meddwi. Clywir sgrech. Daw **Josh** i mewn)*

Josh: Ti yna, Rob?

Rob: *(Yn ei babell)* Ydw – o'n i'n cysgu. *(Ei ben allan o'r babell)*

Josh: Ti'n iawn?

Rob: Ydw, ble mae Gareth?

Josh: Yn y gwrych draw fan acw. Mae am orffen y job ar Aled.

Rob: Mae Aled yn cysgu – deud bod ei ben o'n brifo.

Josh: Dwi ddim yn synnu, gath o wàc go iawn.

Rob: Wel, 'i fai o oedd o.

Josh: Oeddat ti'n gwbod?

Rob: Ddeudodd o wrtha i pnawn 'ma.

Josh: Fedra i ddim credu bod Sioned wedi mynd allan efo'r ddau.

Rob: Na bod Aled mor dan din.

Josh: Ti'n meddwl bod ti'n nabod rhywun ac yna, bwm!

Rob: Dwi'n meddwl cawn ni fwy o 'bwms' yn y dyfodol.

Josh: Rhan o dyfu'n hŷn.

Rob: Ti am nôl Gareth?

Josh: Na, mi geith o gysgu yn y gwrych.

Rob: Synaid da. Ti isio diod?

Josh: Pam lai, mae hi wedi bod yn noson a hanner.

Rob: Alli di ddeud hynna eto!

GOLYGFA 10
Y bore wedyn

(Lluniau o gaeau braf a haul ar y sgriniau. **Josh** *a* **Rob** *yn eistedd y tu allan i'r pebyll)*

Josh: Well i ni ddechra pacio.

Rob: Mae'r bws yn mynd am hanner dydd.

Josh: Digon o amser.

Rob: Ddoth Gareth 'nôl?

Josh: Do, mi gododd o tua hanner awr yn ôl a mynd i chwilio am ryw ferch odd o wedi'i chyfarfod yn y *rave tent.*

Rob: Ddim rhy ypsét, felly.

Josh: Ydi Aled wedi gadael?

Rob: Na, mae o'n dal i gysgu.

Josh: Ti'n meddwl y dylen ni 'i ddeffro fo?

Rob: Well i ni neud neu fydd o ddim wedi pacio mewn pryd.

(**Rob** *yn mynd at babell* **Aled** *ac yn agor y babell*)

Aled? (*Saib*) Aled?

(*Gweld* **Aled** *yn y babell. Yn ei ysgwyd*)

Aled, deffra. (*Dim ymateb*)

Aled? (*Yn boenus*) Aled – deffra.

(**Aled** *ddim yn symud*)

Josh: Ydi o'n iawn?

Rob: Dwi ddim yn gwbod – mae'n anadlu.

Josh: Aled? (*Gan weiddi*) Aled, deffra!
Stopia chwara *silly buggers*!

Rob: Mae'n anadlu – ond fedra i mo'i
ddeffro fo.

Josh: Be nawn ni?

Rob: (*Tynnu ei ffôn allan*) Ffonio am
ambiwlans – 'na'r unig opsiwn.

Josh: Aled, deffra! Aled.

Rob: Gad o. Rho flanced drosto a gwna'n siŵr 'i fod o'n dal i anadlu.
Hi, yes we need an ambulance, in Glastonbury – we can't wake up my friend. No, not drugs or drink. We're at the far end of the camping site, the red zone. Please hurry.

Josh: Fydd o'n iawn?

Rob: Odd o'n iawn cyn mynd i'r gwely.

(**Gareth** *yn dod i mewn*)

Gareth: Dewch i siarad efo Mister Cŵl. Am weld llun o'r cariad newydd? Sophia o Torquay. Mae'n un deg naw ac yn canu mewn grŵp. Am weld llun?
(*Dim ymateb*)
Be sy?

Rob: Neith Aled ddim deffro.

Gareth: Be?

Josh: Mae o'n anadlu ond ddim yn deffro.

(*Clywir sŵn ambiwlans a gwelir golau glas ar y llwyfan. Sŵn cerddoriaeth yn y cefndir*)

GOLYGFA 11
Gorsaf drenau'r Rhyl

*(**Gareth**, **Rob** a **Josh** yn sefyll yno efo'u bagiau)*

Rob: Wela i chi fory.

Josh: Ffonia, os clywi di rywbeth.

Gareth: Ti'n meddwl y bydd o'n iawn?

Rob: Ddim yn gwbod. Dibynnu beth welan nhw yn yr *operation.*

Gareth: Dwi wedi'i ladd o!

Josh: Na, Gareth, damwain.

Rob: Dos adra.

Gareth: Ocê.

Rob: Un broblem.

Josh: Be?

Rob: Pwy sy am ddeud wrth Sioned?

(Cerddoriaeth uchel. Y tri yn sefyll yn llonydd. Golau'n diffodd yn araf)

Am restr gyflawn o lyfrau'r Lolfa, mynnwch
gopi am ddim o'n catalog
neu hwyliwch i mewn i'n gwefan

www.ylolfa.com

lle gallwch archebu llyfrau ar-lein.

TALYBONT CEREDIGION CYMRU SY24 5HE
ebost ylolfa@ylolfa.com
gwefan www.ylolfa.com
ffôn 01970 832 304
ffacs 832 782